Inhalt

Entwicklungscontrolling - Unternehmen greifen verstärkt auf externe Ressourcen zurück

Kernthesen

Beitrag

Fallbeispiele

Weiterführende Literatur

Impressum

Entwicklungscontrolling - Unternehmen greifen verstärkt auf externe Ressourcen zurück

M. Westphal

Kernthesen

- Die stark schwankenden Märkte verlangen von den Unternehmen flexible Reaktionen, die häufig nur mittels der Einbindung externer Partner geleistet werden können.
- Gerade im Bereich der Produktentwicklung bedienen sich viele Unternehmen externer Entwicklungsdienstleister.
- Die Entscheidung für die optimale Entwicklungstiefe eines Unternehmens ist ein Prozess, der individuell von jedem

Unternehmen und individuell für jedes Projekt anhand vieler Faktoren beeinflusst wird.

Beitrag

Die Marktschwankungen nehmen in vielen Industriezweigen zu. Als Reaktion greifen viele Unternehmen verstärkt auf externe Entwicklungsressourcen zurück. So können die Fixkosten niedrig gehalten werden, da der Personalbestand nicht weiter aufgebaut wird. Dieser Trend ist insbesondere bei mittelständischen Unternehmen erkennbar.

Die volatilen Märkte verlangen von den Unternehmen flexible Modelle

Die Industrie hat ihr Nachfrageverhalten verändert und greift bei den sehr volatilen Märkten verstärkt auf externe Engineering-Ressourcen zurück. So können schwankende Auftragslagen besser abgefedert werden, ohne gleich mit Festanstellungen reagieren zu müssen.
Die klassischen Entwicklungsdienstleister (EDL)

haben sich von der schlechten Konjunktur der vergangenen Jahre inzwischen gut erholt. Neben ihrem Stammgeschäft boomt derzeit aber vor allem auch der Bereich des Personalverleihs. Die beauftragenden Unternehmen haben einen wachsenden Bedarf nach Arbeitnehmerüberlassung. (2)
So erklärt sich der aktuell sehr große Erfolg der Ingenieurdienstleister bei der Arbeitnehmerüberlassung. Auf dem Arbeitsmarkt gibt es aber nicht einmal genügend ausgebildete Ingenieure um die Nachfrage der Personalverleiher zu befriedigen. (2)
Deshalb richten sich die Entwicklungsdienstleister entsprechend aus und versuchen z. B. geeignete Personaldienstleister zu übernehmen. (2)
Aber auch die hohe Flexibilität, die die Entwicklungsdienstleister mit ihrem eigentlichen Kompetenzfeld leisten, ist für die Kunden von großem Nutzen. Viele der Entwicklungsdienstleister sind auf anspruchsvolle und hoch spezialisierte Tätigkeiten ausgerichtet und steuern komplexe Entwicklungsleistungen oder erbringen in einem Entwicklungsprojekt komplette Arbeitspakete. Die Dienstleister können Entwicklungsprojekte in den häufig international aufgestellten Niederlassungen komplett inhouse abwickeln. Es können aber auch die kompletten Spezialistenteams zum Kunden ins Haus kommen und in dessen Labors arbeiten. (2)

Entwicklungsdienstleistungen werden wieder verstärkt bei externen Partnern nachgefragt

Der Markt für Entwicklungsdienstleistungen hat sich in den letzten zwei Jahren deutlich entspannt. Die Komplexität der Aufträge wird aber weiter zunehmen worauf viele Unternehmen mit Partnerschaften, Vernetzung oder eben dem Aufbau eigener Kompetenzen reagieren. Von großer Bedeutung ist es, die Kunden möglichst fest an einen Partner zu binden. Das bedingt aber auch den Aufbau eines hohen Maßes an Spezialwissen bei den Mitarbeitern. Systemlieferanten müssen oft Rücksicht nehmen auf vorhandene Fertigungsanlagen und Prozesse. Entwicklungsdienstleister werden aber nicht nur von den eigentlichen Endkunden also z. B. den Automobilherstellern beauftragt, sondern eben auch von Lieferanten von kompletten Subsystemen, also Teilelieferanten. Je höher die Komplexität der Beratungsdienstleistung des Entwicklungsdienstleisters, desto größer die Chance, dass nach Auftragsvergabe z. B. Teilelieferanten wieder auf Entwicklungsdienstleister, die bei der Konstruktion der Teile geholfen haben,

zurückkommen. (3)
Gerade der hohe logistische Aufwand, der sich ergibt, wenn viele Komponenten extern entwickelt und ggf. auch produziert werden kann Entscheidungen beeinflussen, die komplette integrierte Leistungen inklusive der Logistikkomponenten an einzelne wenige externe Dienstleister auszulagern.(6)

Die Automobilindustrie ist einer der Hauptnutzer von externen Entwicklungsdienstleistern

Gerade in der Automobilindustrie ist ein Trend erkennbar, wachsende Auftragsvolumen an Zulieferer zu vergeben. Somit wächst in der Zulieferindustrie die Nachfrage nach Ingenieurdienstleistungen kontinuierlich. Die Automobilhersteller selbst vergeben allerdings immer weniger Großprojekte oder auch Entwicklungen ganzer Fahrzeugsysteme nach außen.
Dieser Trend hat vor allem die Full-Service-Anbieter der Entwicklungsdienstleister getroffen was bei ihnen zu Überkapazitäten und in Folge dessen zu Personalabbau führte. Außerdem waren sie aufgrund ihrer teuren Kostenstrukturen in den meist kleineren Projekten der Zulieferindustrie nicht mehr

wettbewerbsfähig. (4)
Die zunehmende Verkürzung der Produktlebenszyklen sowie die wachsende Komplexität der technologischen Lösungen können den Automobilhersteller dazu zwingen, aufgrund fehlender personeller, materieller oder finanzieller Ressourcen verschiedene Leistungen im Entwicklungsbereich auszulagern. (5)
Gibt es bestimmte benötigte Kompetenzen nicht bei externen Partnern oder gibt es im Unternehmen Abteilungen, die nicht mehr benötigt werden, so kann zur Vermeidung von Entlassungen ein möglicher Shift der Arbeit auf neue Kompetenzfelder erwogen werden. Für das Unternehmen ist außerdem von Relevanz, dass externe Entwicklungsdienstleister Innovations- und Investitionsleistungen aus eigener Kraft erbringen müssen, was letztendlich das gebundene Kapital der Automobilunternehmen verringert und so auch hilft, den Finanzierungsbedarf zu senken. (5)

Der Entscheidungsprozess muss viele Faktoren berücksichtigen

Gerade im Automobilbereich führen die Intensität des Wettbewerbs wie aber auch die hohen Qualitätsanforderungen der Kunden dazu, dass sich

die Hersteller verstärkt mit den Chancen und Risiken der Vergabe von Entwicklungsdienstleistungen an externe Partner beschäftigen müssen. (5)
Die Unternehmen müssen ihr gewünschtes Kompetenzprofil, welches sie im Hause behalten wollen in den Entscheidungsprozess der optimalen Entwicklungstiefe einfließen lassen. (5)
Das Thema der optimalen Entwicklungstiefe hat in der Automobilindustrie inzwischen eine hohe Priorität erlangt. Aus diesem Grund haben viele Automobilhersteller in den vergangenen Jahren damit begonnen, Entwicklungsdienstleistungen an externe Partner auszulagern. Allerdings verlangt dieser Entscheidungsprozeß eine genaue Analyse verschiedener Faktoren. So ist für das Automobilunternehmen der Prozess der Produktentwicklung von großer Bedeutung. Neben den qualitativen wie auch innovativen Anforderungen an neue Produkte, werden im Entwicklungsprozess auch Entscheidungen getroffen, die in nicht unwesentlichem Ausmaß im späteren Produktlebenszyklus in den Bereichen Fertigung, Service und Gewährleistung relevant werden und dann auch kostenmäßige Implikationen haben. (5)
Neben den reinen Entwicklungskosten müssen auch die Transaktionskosten berücksichtigt werden. (5)

Das Projektmanagement sollte niemals outgesourct werden

Der Prozess der Produktentwicklung ist in zwei Subprozesse zu unterteilen, nämlich die eigentliche technische Entwicklung der vielen einzelnen Komponenten, Baugruppen und Sub-Systeme wie auch das ganzheitliche Projektmanagement zur Steuerung der Abstimmung der einzelnen Teilentwicklungen im Hinblick auf das Gesamtprodukt. Dabei können die technisch gesteuerten Prozesse ausgelagert werden wohingegen das Projektmanagement auf jedem Falle im Hause verbleiben muss. In der Automobilindustrie kommt hierbei noch die Schwierigkeit hinzu, dass die Entwicklungstiefe sich von Modell zu Modell unterscheiden kann, vor allem weil viele Hersteller gemäß ihrem Plattformprinzip eine Vielzahl von Modellen auf der gleichen Plattform basieren lassen. Kennzahlen wie die Entwicklungsquote, die das Verhältnis von Ausgaben für Forschung und Entwicklung zum Umsatz untersuchen, können nur unzureichend als Indikator gelten, da z. B. bei steigendem Umsatz diese Quote automatisch sinkt, wenn die Entwicklungsausgaben identisch bleiben. (5)

Ein wesentliches Problem besteht in der Vielzahl der Schnittstellen

Die Vielzahl der Schnittstellen, die bei der Entwicklung berücksichtigt werden müssen, zum einen zu Modulen des selben Modells wie aber eben auch zu anderen Modellen und deren Anforderungen im Bereich der Plattformen führt zu einer hohen Komplexität im Bereich der Schnittstellen und lässt die Übertragung kompletter Systeme auf einen externen Dienstleister als vorteilhaft erscheinen. So kann die Anzahl der zu steuernden Schnittstellen verringert werden. (5) Derartige Entscheidungen können nicht rein unter kurzfristigen operativen Gesichtspunkten getroffen werden, sondern müssen auch die Faktoren Macht und Abhängigkeit von einem Dienstleister berücksichtigen, um die langfristige unternehmerische Flexibilität zu gewährleisten. Außerdem birgt eine solche Vergabe von Komplettsystemen an Externe die Gefahr des langfristigen Verlusts von Kernkompetenzen. (5)

Unternehmen denken über verschiedene Kooperationsformen

nach

Sinnvoll erscheinen aufgrund der immer kürzer werdenden Lebenszyklen und zunehmend anspruchsvoller werdenden Technologien auch Überlegungen in Richtung von unterschiedlichen Formen der Zusammenarbeit mit externen Partnern. So können **strategische Allianzen** geschlossen werden. Denkbar ist aber auch der Aufbau eines **strategischen Netzwerks**, in welchem der jeweilige Automobilhersteller den Mittelpunkt des gesamten Netzwerks darstellt und die strategische Ausrichtung steuert. Gekennzeichnet ist ein solches strategisches Netzwerk durch vertragliche Vereinbarungen, kapitalmäßige Vernetzung und personellen sowie auch technologischen Austausch. (5)
Auch eine **Wertschöpfungspartnerschaft** ist denkbar. In diesem Falle werden von mindestens zwei Unternehmen die Güter- und Leistungsströme entlang der gesamten Wertschöpfungskette gemeinsam gesteuert. (5)
Vor Aufnahme einer jeden externen Partnerschaft muss das Automobilunternehmen sich bewusst werden, ob es aufgrund seiner internen Ressourcen in der Lage wäre, die Prozesse selbst zu erstellen oder ob es sich um strategische bedeutende Teile handelt, die intern erstellt werden müssen. Im Falle von standardisierten Teilen und Komponenten können externe Partnerschaften sicher eingegangen werden.

(5)

Fallbeispiele

Die Wiedergeburt von Fiat ist auch der klugen Strategie der Fiat-Chefs zu verdanken, die neue Modellen ohne ausufernde Entwicklungskosten auf den Markt gebracht zu haben. Kosten bei der Entwicklung und im Einkauf wurden durch Kooperationen mit Ford oder dem indischen Hersteller Tata erzielt. Ebenso hat beim Nachfolger des Fiat Brava der österreichische Auftragsfertiger und Entwicklungsdienstleister Magna Steyr geholfen. So wurde mit Unterstützung der Österreichischen Entwickler das neue Modell in nur 18 Monaten bis zur Serienreife konstruiert, im Gegensatz zu den sonst üblichen 30 Monaten. Der Bau von Prototypen ist sehr teuer, Fiat verzichtete bei diesem Modell darauf und simulierte die Testfahrten am Computer. (1)

Das Unternehmen Euro Engineering ist mit seinen 60 Mitarbeitern spezialisiert auf die Unterstützung bei der Entwicklung von LKWs, Bussen und Sonderfahrzeugen. Das Unternehmen arbeitet für nahezu alle Nutzfahrzeug-Hersteller in Europa. (2)

Das Unternehmen CSI hat sich als Spezialist auf die Bereiche Interieur, Exterieur und Flächenaufbau spezialisiert. Zunächst sind nur einzelne Bauteile entwickelt worden, inzwischen werden komplette Innenräume eigenverantwortlich entwickelt. (3)

Weiterführende Literatur

(1) Autohersteller Fiat Sattes Plus auf dem Konto
aus HANDELSBLATT online 28.05.2007 09:15:24

(2) Schritt nach vorne
aus Automobil-Industrie Nr. 04 vom 05.04.2007 Seite 76

(3) Kompetenz in Kunststoff
aus Automobil-Industrie Nr. 04 vom 05.04.2007 Seite 80

(4) Ingenieurdienstleister schwimmen auf einer Auftragswelle
aus VDI NR. 15 VOM 13.04.2007 SEITE 23

(5) Bellmann, Klaus / Lang, Christoph, Steuerung von Entwicklungsdienstleistungen, Controlling, Heft 4/5 2007, April/Mai 2007, S. 257 265
aus VDI NR. 15 VOM 13.04.2007 SEITE 23

(6) Lindner, Andre / Többe, Rolf, Total Cost of Service Provision eine unbekannte Größe? Controlling, Heft

4/5 2007, April/Mai 2007, S. 275 - 281
aus VDI NR. 15 VOM 13.04.2007 SEITE 23

Impressum

Entwicklungscontrolling - Unternehmen greifen verstärkt auf externe Ressourcen zurück

Bibliografische Information der deutschen Nationalbibliothek

Die Deutsche Nationalbibliothek verzeichnet diese Publikation in der deutschen Nationalbibliografie; detaillierte bibliografische Daten sind im Internet über http://dnb.d-nb.de abrufbar.

ISBN: 978-3-7379-0047-8

© 2015 GBI-Genios Deutsche Wirtschaftsdatenbank GmbH, Freischützstraße 96, 81927 München, www.genios.de

Alle Rechte vorbehalten. Dieses Werk ist einschließlich aller seiner Teile – z.B. Texte, Tabellen und Grafiken - urheberrechtlich geschützt. Jede Verwertung außerhalb der Grenzen des Urheberrechtsgesetzes bedarf der vorherigen Zustimmung des Verlags. Dies gilt insbesondere auch für auszugsweise Nachdrucke, fotomechanische

Vervielfältigungen (Fotokopie/Mikroskopie), Übersetzungen, Auswertungen durch Datenbanken oder ähnliche Einrichtungen und die Einspeicherung und Verarbeitung in elektronischen Systemen.